www.ingramcontent.com/pod-product-compliance
Lightning Source LLC
Chambersburg PA
CBHW020325290526
45785CB00007B/2925
* 9 7 8 1 0 7 0 5 6 9 2 2 2 *